中山繁信

ふだんの
スケッチパースが
格段によくなる

緑のチカラ

植栽
建築
ランドスケープ

g

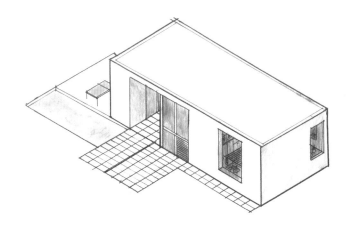

緑のチカラで
スケッチパースの印象は
大きく変わる。

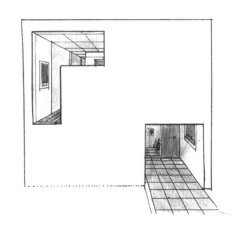

はしがき

　本書を手にとっていただき、ありがとうございます。

　私はこれまで主に建築を描くということを長年行ってきました。その経験をもとに、初心者の方々でも簡単に、ふだんのスケッチパースをレベル UP できるちょっとしたコツや楽しみ方を伝えたい。もっといえば、「緑のチカラ」を味方につけて描いてみよう、という本です。ここでいう「緑」とは、文字どおり、植栽や樹木などを指します。通常は、点景（アニメでは背景または背景画）として描かれること多く、いわばメインを引き立てるためのサブ。その脇役的役割ゆえか、これまであまり重要視されてこなかったように思います。

　よくメインとして描かれるのは、街並みや建築などの人工構築物が多いですが、直線が多いため比較的描きやすい反面、それだけではカタく無機質な印象になりがちです。一方で、植栽や樹木などの自然物は、直線はほぼ皆無で曲線が多く、なかなかうまく描けません。でもどうやら「緑」には、メインだけでは無機質で少しそっけなかった絵に、彩りや質感、温度や空気感などの豊かさを与えるチカラがあるようです。さらに、同じ構図であっても着彩の仕方だけで、季節や時間帯を描き分けることもできます。

　この本は絵が苦手だなと思っている人にも「これならできる」と思ってもらえるように記したつもりです。最初は複雑に思えるかもしれませんが、少し辛抱強く続けてみてください。そして、ぜひあなた自身の手で新しいスケッチパースにチャレンジしてみてください。この本が少しでも描く楽しみに貢献できたら嬉しく思います。

CONTENTS

7章 着彩の工夫

8章 名作住宅を美しく彩る

0 章　緑のキホン

木の骨格

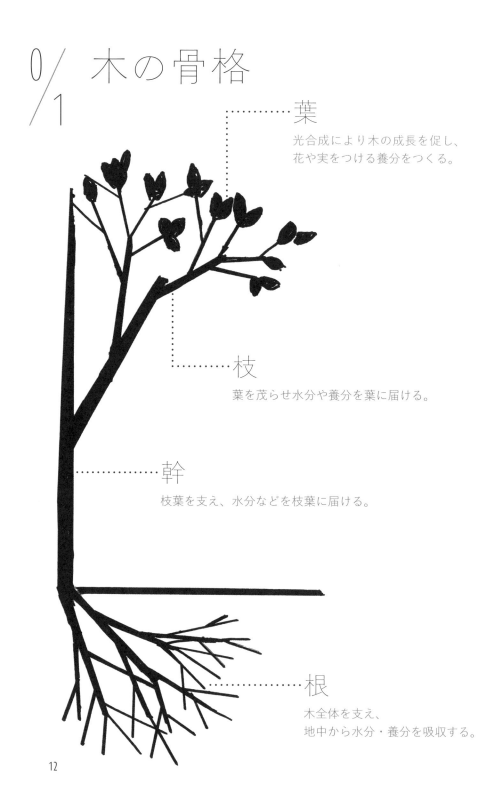

葉
光合成により木の成長を促し、
花や実をつける養分をつくる。

枝
葉を茂らせ水分や養分を葉に届ける。

幹
枝葉を支え、水分などを枝葉に届ける。

根
木全体を支え、
地中から水分・養分を吸収する。

一本立ち

一本の幹で枝葉を支えている木。

株立ち

一本の幹を根元から切り落とし、
地際から数本の細い幹が出て成長した木。

枝分かれの種類

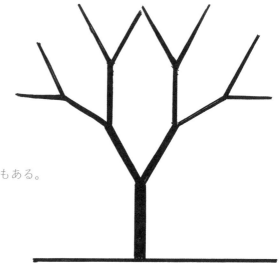

二股分かれ

枝が二股に分かれる木。
中には三つ股に分かれる場合もある。

相互分かれ

枝が互い違いに分かれて成長する木。
枝分かれとしては、比較的多く見られる。

葉の分かれ

左右対称型　　　　　　互い違い型

葉の形の分類

広葉樹　　　　　　　　針葉樹

1章 シルエット スケッチ

まずは樹種によって木の形の特徴をとらえ、シルエットスケッチを描けるようになりましょう。もちろん樹形は、その地域の気候や地形の影響を受けつつ生育するため、同じ樹種であっても、まったく違った形になることは稀ではありません。ですから、ここで示した樹形は一例としてとらえ、練習後はみなさん独自の木のシルエットを描いてみてください。

1/ ケヤキの
/1 シルエットスケッチ ❶

ケヤキの樹形は、建築図面の点景やアニメの背景画の中で美しい木としてよく描かれます。

ここではまず、扇形の下図をベースとして描いてください。このベースさえあれば、誰でも簡単に描けるようになります。プロポーションが多少異なってもあまり気にしなくて構いません。おおざっぱでいいのです。

1 ベースとなる扇形の下図を描く
（ヨコ4マス、タテ5マス）

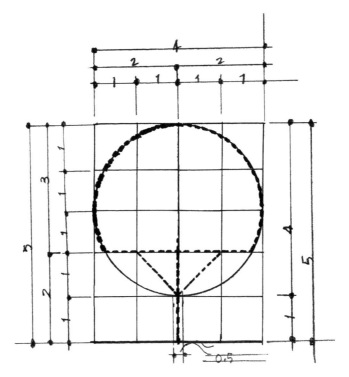

2 幹や枝などのラインをなぞる

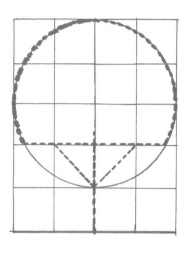

3 樹形の輪郭線を描く

輪郭に合わせておおざっぱでよい

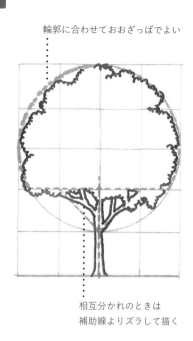

相互分かれのときは
補助線よりズラして描く

4 下図の線を消す

5 輪郭線の中を塗りつぶす（完成）

ケヤキの
シルエットスケッチ❷

ここでは応用編として、小枝の部分や葉の付き方がよりケヤ
キらしい表現になる方法で描いてみましょう。

1 前ページ同様、扇形の下図を描く

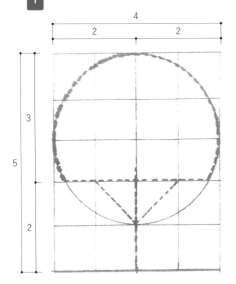

2 太い幹を描く

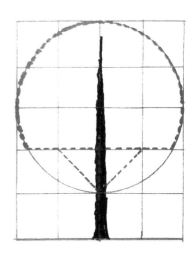

3 大枝を描く

ランダムでよく、
重なっても気にしない

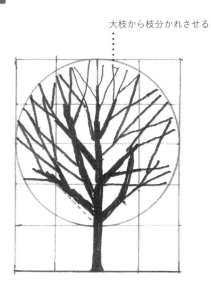

4 中枝、さらには小枝を描く

大枝から枝分かれさせる

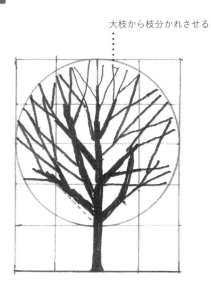

5 葉の部分の下描きをする

小枝を囲むように葉を描く

6 輪郭線内を塗りつぶす（完成）

1/2 スギの シルエットスケッチ❶

針葉樹のスギの下図は三角形からはじめると、バランスのよい
シルエットスケッチが描けます。スギは真っすぐ幹が伸びる一
本立ちの木として、私たちの身近に存在します。

1 三角形の下図を描き、幹と大枝
の下図を描く

2 大枝に葉をつける

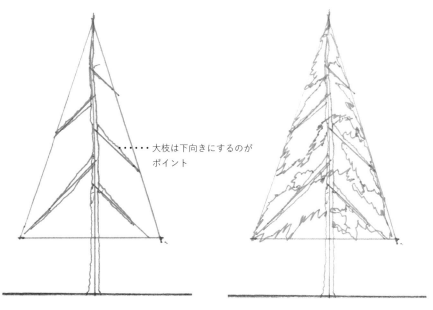

…… 大枝は下向きにするのが
ポイント

3 幹と枝葉の輪郭線を描く

・・・・ 葉の輪郭をつなげる

4 下描きの線を消す

5 輪郭線内を塗りつぶす（完成）

スギの
シルエットスケッチ❷

枝の角度や曲がりを少し複雑にし、葉の付け方も変化をもたせることによって、よりリアルなシルエットスケッチになります。

1 三角形の下図を描く

2 幹と大枝、小枝を下描きする

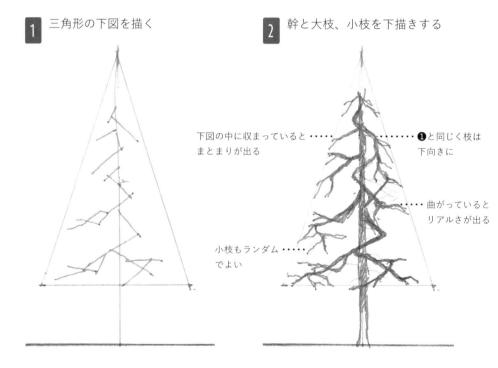

下図の中に収まっていると
まとまりが出る

小枝もランダム
でよい

❶と同じく枝は
下向きに

曲がっていると
リアルさが出る

3 枝に沿って葉のヴォリュームを描く

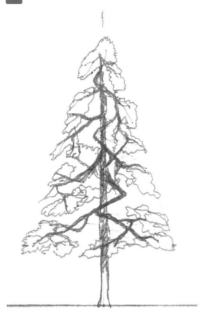

4 枝葉の輪郭線を描く

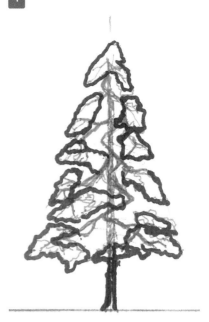

5 下描き線を消す

6 輪郭線内を塗りつぶす（完成）

$\dfrac{1}{3}$ マツの シルエットスケッチ ❶

マツは幹と枝の形にクセがあって、リアルに描くのが難しい樹種のひとつです。ここでは海沿いに多く見られるクロマツをイメージして幹を斜めに傾けてみます。

1 図のようなベースを描く

1

だいたい
1：1の割合

1

2 幹や大枝を描き、葉をつける

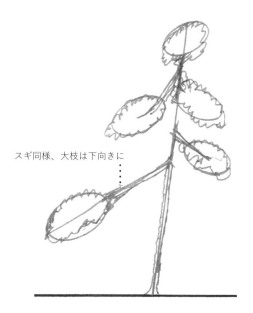

スギ同様、大枝は下向きに

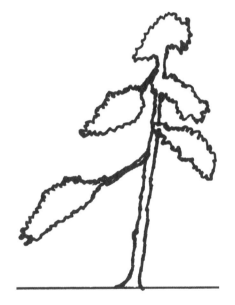

5 輪郭線内を塗りつぶす（完成）

マツの
シルエットスケッチ❷

マツの形の特徴は、幹と枝の曲がり具合と、葉が"針"のような形をしていることです。そこで、葉のヴォリュームを"針の集合体"で描くことで、よりマツらしく見せることができます。

1 下描きする

2 幹と大枝を描く

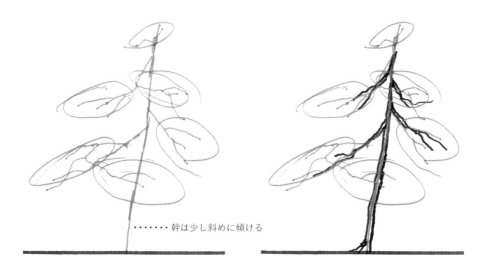

⋯⋯⋯ 幹は少し斜めに傾ける

3 小枝を描く

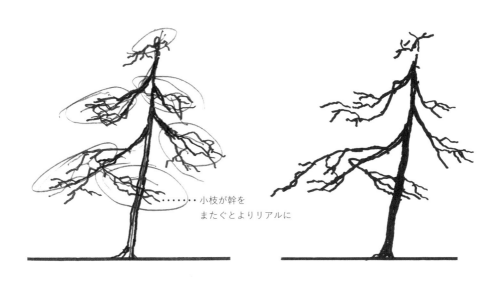

······→ 小枝が幹を
またぐとよりリアルに

4 下描き線を消す

5 葉のヴォリュームの下図を描く

6 葉のヴォリュームを塗りつぶさ
ず、"針の集合体"で表現(完成)

1/4 ヤナギの シルエットスケッチ ①

ヤナギの樹形は、枝が"髪の毛"のように見えることで知られ、ロングヘアーの女性の姿に例えられることもしばしばです。ここではその特徴を生かすため、風になびくヤナギの姿を描いてみます。下図は円と正方形を組み合わせ、少し傾けたものを用意するといいでしょう。

1 円と正方形を組み合わせ、少し傾けてベースの下図とする

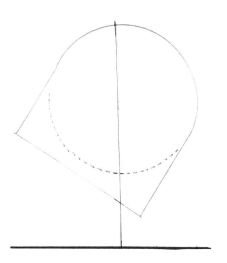

2 太い幹を描き、円の中央付近で二股に分かれた大枝を描く

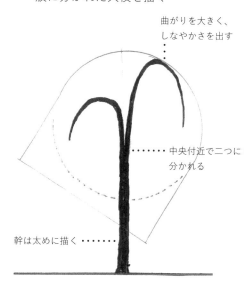

曲がりを大きく、しなやかさを出す

中央付近で二つに分かれる

幹は太めに描く

 大枝に合わせて樹形を下描きする  輪郭線をなぞる

3 大枝に合わせて樹形を下描きする

4 輪郭線をなぞる

5 下描きの線を消す

6 輪郭線内を塗りつぶす（完成）

ヤナギの
シルエットスケッチ❷

よりリアルなヤナギを描くコツは、"髪の毛"を描くつもりに
なることです。風に揺れるヤナギの姿を描いてみましょう。

1 ベースとなる下図を描く

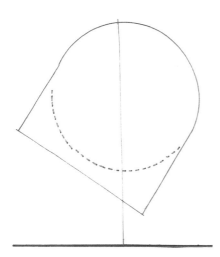

2 中央に幹を描き、大枝を何本か描く

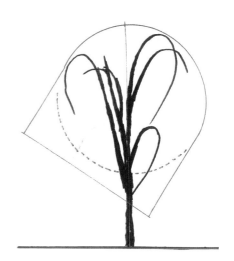

3 大枝から枝分かれする中枝を
たくさん描く

4 小枝を描き、線の量を調整する

5 下描き線を消す（完成）

絵本に出てきそうな
大木のシルエット

曲がりくねった枝を描く

太い幹を幾重にも集合させる‥‥‥‥

遊び心をもって自由に描く

しめ縄を描く。
御神木は古来より
しめ縄で大事にされている

太い根が
表出している様子

鳥居を描くとスケール感が出る

2章 立体感のある美しい一本の木

樹木はさまざまに枝分かれをして、複雑に絡み合っています。木を描くのが難しいのは、そのためかもしれません。ですが、同じ幹枝を二本用意して前後に重ねたり、編み込むことによって、立体感のある木が描けるようになります。

2/ 二股の枝を
/1 「重ねて」描く

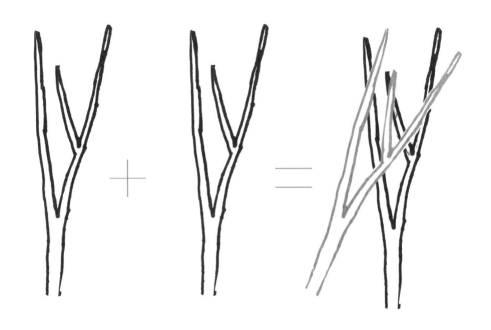

図のような二股の枝を二本用意します　　　　　　それを前後に「重ねて」
　　　　　　　　　　　　　　　　　　　　　　　描きます

二股の枝が前後に重なっている
のがわかるでしょう。これで奥
行きのある木になります

2/2 二股の枝を「編み込んで」描く

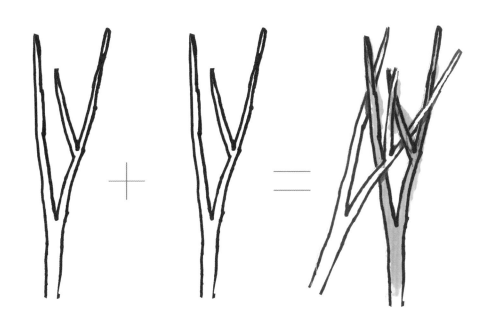

図のような二股の枝を二本用意します

それを「編み込んで」
描きます

枝同士を「編み込む」ようにするだ
けで、よりリアルな木になります

2/3 三つ股の幹枝を「重ねて」描く

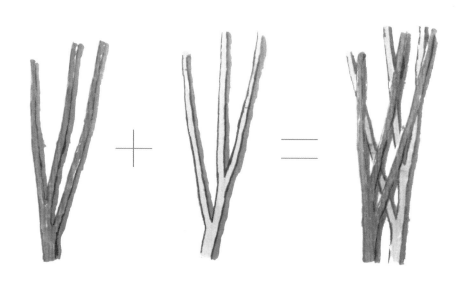

三つ股に分かれた幹枝を二本用意します

それを前後に「重ねて」描きます

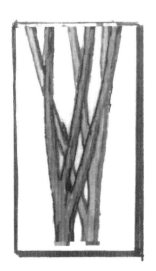

GL
（地面のライン）

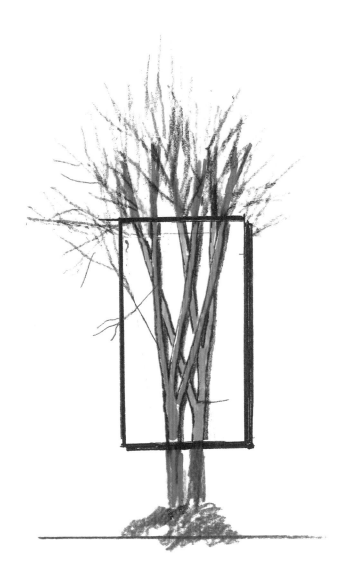

3 全体の木の形を考えて、小枝を描く

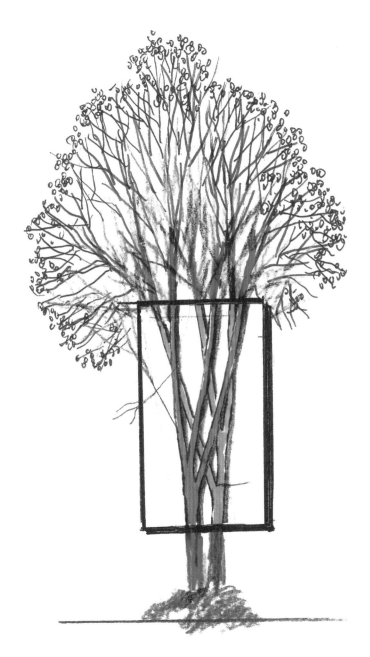

5 色鉛筆で着彩する（完成）

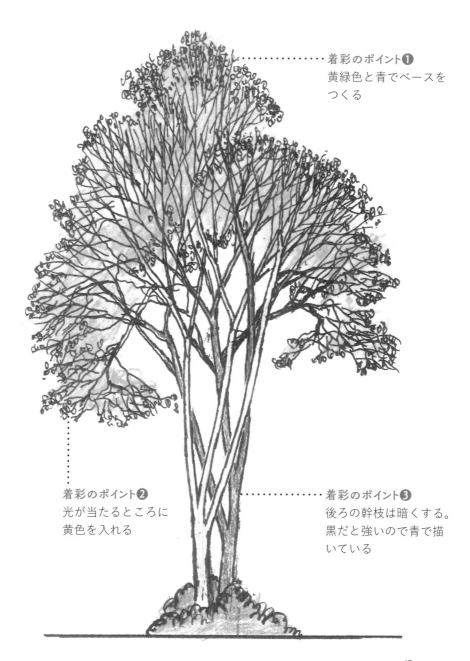

着彩のポイント❶
黄緑色と青でベースを
つくる

着彩のポイント❷
光が当たるところに
黄色を入れる

着彩のポイント❸
後ろの幹枝は暗くする。
黒だと強いので青で描
いている

2/4 三つ股の幹枝を「編み込んで」株立ちを描く

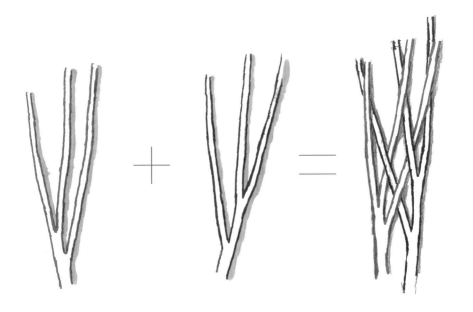

三つ股に分かれた幹枝を二本用意します

それを「編み込ん」で描きます

1 GLを設定し、適度な高さの位置に編み込んだ幹枝を置く

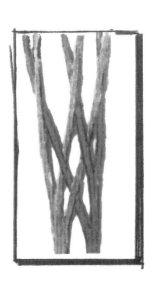

GL

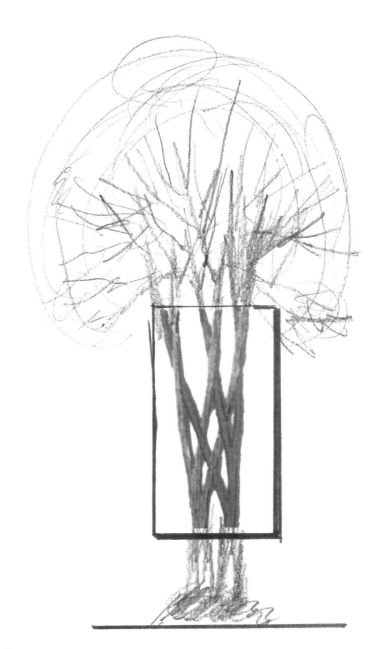

4 葉の部分を清書して、着彩する（完成）

2/ 枝ぶりの美しい
/5 ケヤキを描く

1 幹と枝の概略を描く

2 幹と大枝のつく方向を変えて描く

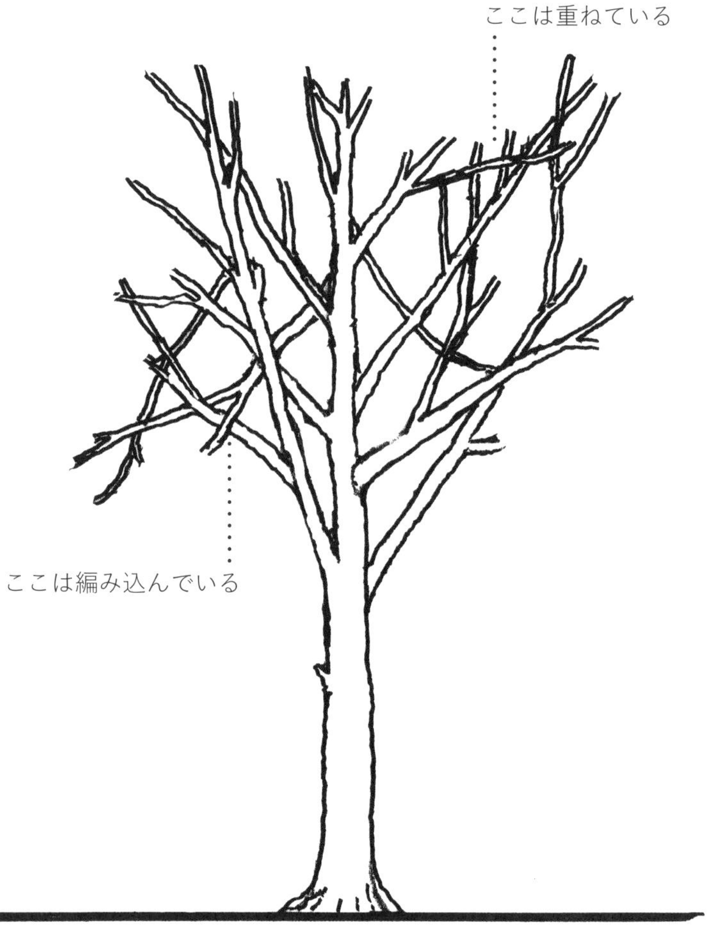

ここは重ねている

ここは編み込んでいる

3 下がり枝を描く

枝ぶりはいろんな方向に
向けてよい

4 さらに枝分かれさせる

難しそうに見えるが
おおざっぱでよい

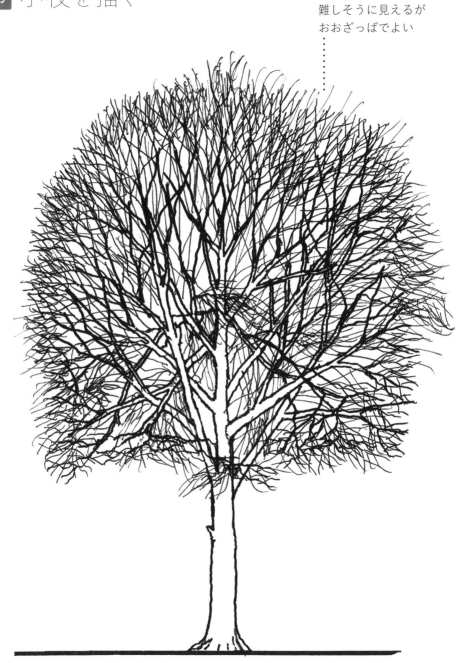

6 葉を描き込む（完成）

3章 遠景、中景、近景としての緑

美しい林や森の中は気持ちを安らかにするだけでなく、健康にもよいといわれています。そのような林や森は風景画の中やアニメの背景画としてさまざまなところで描かれます。一本の木を二本描けば「林」になり、三本描けば「森」という字になりますが、みなさんはたくさんの木を描いて「美しい森」を描いてください。

3/ 遠景、中景、
/1 近景で風景を描く

1 パースの下図を描く

2 近景の木を描く

・・・・・ポイント
近景の木はシルエットで描く

3 中景を描く

4 遠景を描く

ポイント
遠景になるにつれて幹は細く、
線も細く薄くする

5 着彩する（完成）

着彩のポイント❶
影の色も遠景、中景、近景と黒みが
徐々に強くなるようにする

着彩のポイント❷
光のリズムで遠近感を出す
（明るい、暗い）

3/
/2 遠景、近景だけで 雑木林を描く

1 下図を描く

2 幹を描く

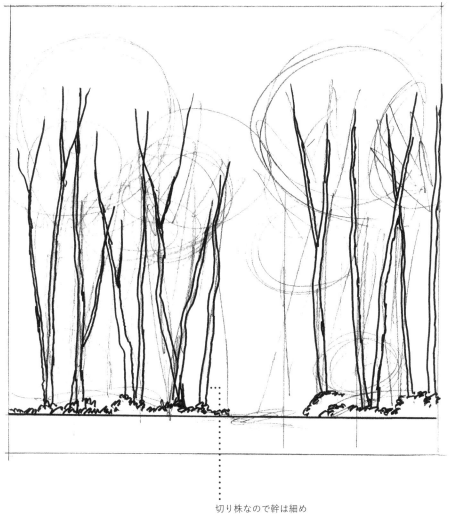

切り株なので幹は細め

3 大枝、中枝を描く

芝生と下草を描く

4 小枝と下がり枝を描く

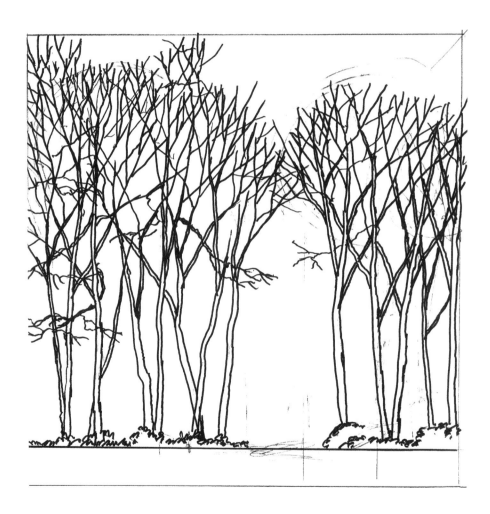

5 細かく葉を描く

近景なので線はしっかり描く

ここの抜けがポイント

6 遠景を描く

ポイント❶
遠景は線を薄く描くことで
遠近感が際立つ

ポイント❷
霞がかったようなこの図法は
「空気遠近法」と呼ぶ

7 着彩する（完成）

着彩のポイント❶
葉も緑に青を重ねている

着彩のポイント❷
手前の幹の影を濃い青で描く

着彩のポイント❸
黄色と黄緑色で明るさを出す。
色の差異でも遠近感が出る

$\dfrac{3}{3}$ もこもこした 雑木林を描く

1 $3/2$ 3 の段階に葉の下図を描く

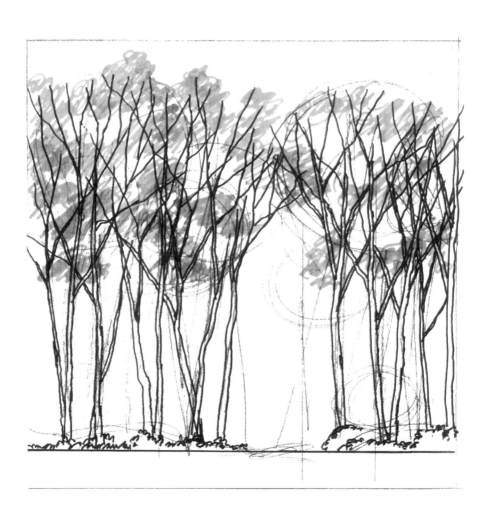

② 葉の部分を縁取りする

3 遠景の木を描く

4 着彩する（完成）

着彩のポイント❶
ここではもこもこを強調するため
近景の葉に光が当たっている様子を描いている

着彩のポイント❷
近景の幹も青みを強く
影を表現している

着彩のポイント❸
遠景も暗くすることで
近景の葉の部分の明るさが際立つ

作例❷
森の中に静かに佇む「森の礼拝堂」
グンナール・アスプルンド設計

4章

斜め上から見た構図

平面

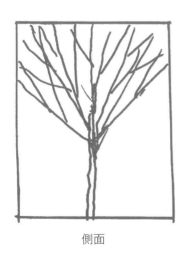

側面

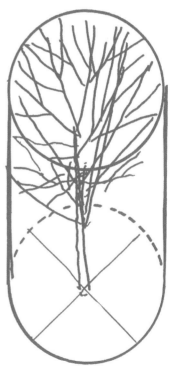

斜め上からの構図

4/1 マツを アクソメで描く

木を上から見た木を描くのはとても難しいものです。ここでは
アクソメの技法を使って斜め上から見たマツを描いてみます。

1 円錐形のベースに幹と大枝の下図を描く

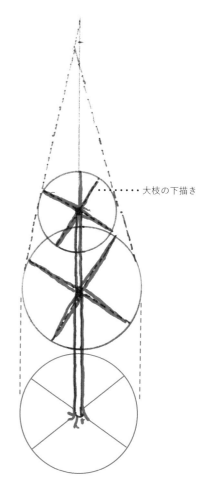

大枝の下描き

マツの概略（側面図）　　　　　斜め上からの構図（アクソメ）

4 小枝を四方に伸ばす

5 葉をつける（完成）

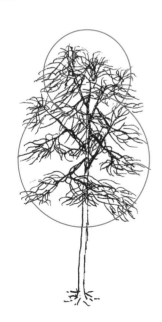

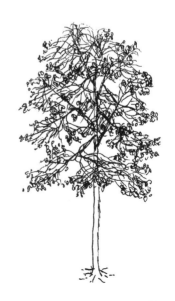

4/ 株立ちの木を
/2 自由に描く

図法を使わずに、おおざっぱに描く方法もあります。ここで
は株立ちを描いてみましょう。斜め上から見たように表現す
るコツは、枝を「下向き」に描写することです。

1 数本の幹を描く

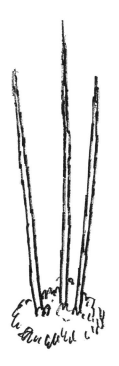

2 大枝を上方に伸ばす

中枝を「下向き」に描く

4 小枝を描く

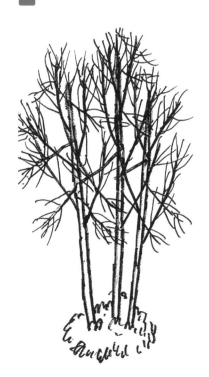

5 葉をつける（完成）

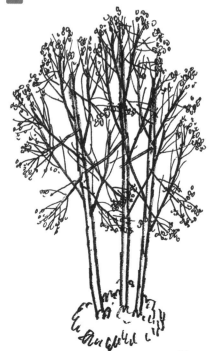

5章　図面の中の緑

（真上と真横から見た構図）

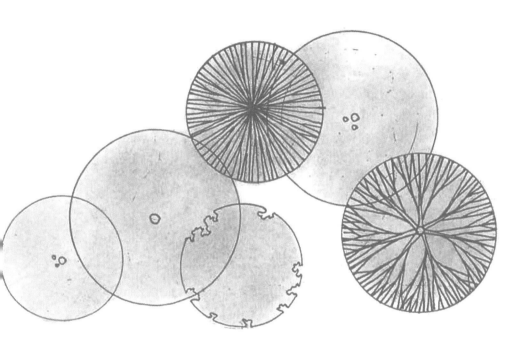

建築やランドスケープの設計では、建物などの人工的がメインであったとしても、それを取り巻く周囲の環境はそれ以上に重要な存在です。ですから、図面の中の「緑」の表現によって、メインが美しくもなり、またみすぼらしくもなってしまうのです。

それらの表現の仕方は図面のルールとして明確に決まっているわけではありません。これまでの経験から具象的な表現から、抽象化されたもの、そして記号化された表現法などを描き記しておきます。

5/ 平面図と側面図の
/1 木の描き方

ここで図面の中の表現をお伝えするのは、真上から見たときと真横から見たとき
の構図を習得するためです。それぞれ平面図と側面図に対応しています。ベース
は「円」を基本とします。

1 平面図（上）と側面図（下）の描き方

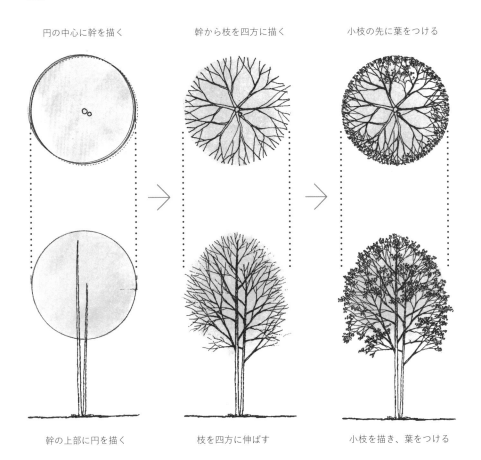

円の中心に幹を描く　　　　幹から枝を四方に描く　　　　小枝の先に葉をつける

幹の上部に円を描く　　　　枝を四方に伸ばす　　　　　　小枝を描き、葉をつける

5/2 さまざまな木の表現（平面図）

1 具象的表現

現実に存在する木の形に近い表現。決まっていない場合は枝の形が美しいケヤキなどを描くとよい。

2 抽象的表現

抽象化の描写の仕方はさまざまだが、具象的な木よりも表現力を必要としない表現方法である。

3 記号的表現

記号化された表現のため図面の中によく見かけるが、樹木のつくりだす環境を表現しにくい点もある。

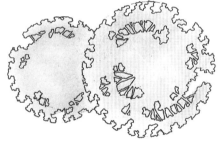

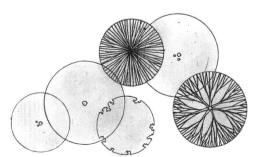

5/3 平面図の中における緑の役割

このように敷地的にさまざまな大きさの樹木をバランスよく配置することで、美しく良好な周辺環境であることを表現できます。

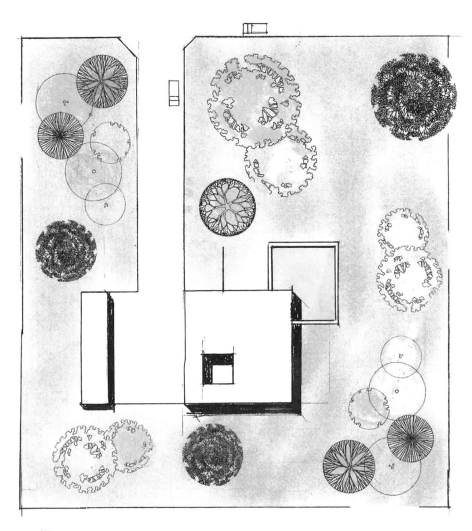

「小さな家」の平面図

ル・コルビュジエ設計

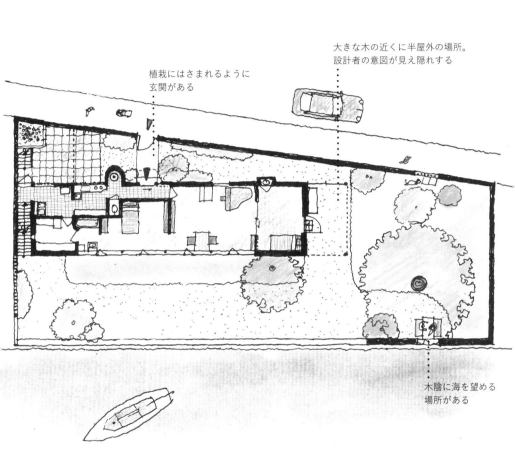

大きな木の近くに半屋外の場所。
設計者の意図が見え隠れする

植栽にはさまれるように
玄関がある

木陰に海を望める
場所がある

5/4 さまざまな 木の表現（側面図）

1 具象的表現

2 抽象的表現

3 記号的表現

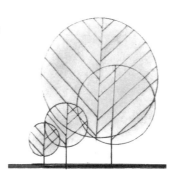

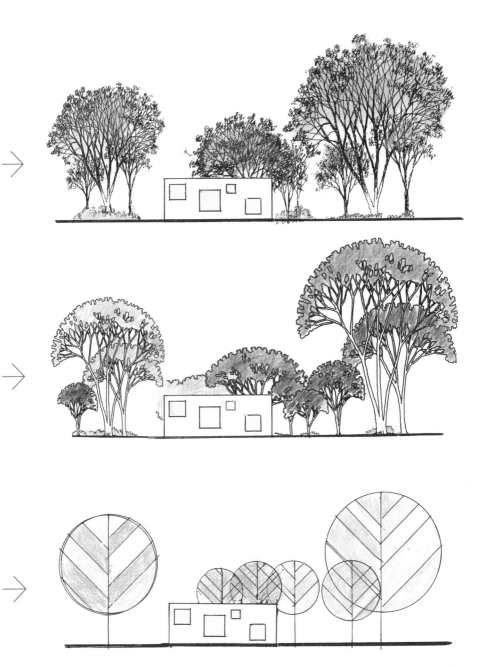

「フィッシャー邸」の断面・側面図

ルイス・カーン設計

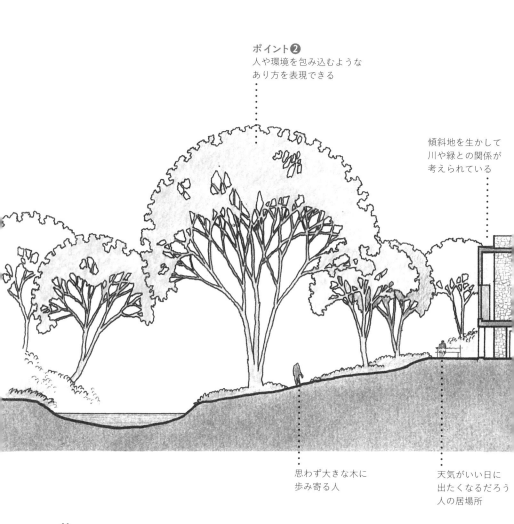

ポイント❷
人や環境を包み込むような
あり方を表現できる

傾斜地を生かして
川や緑との関係が
考えられている

思わず大きな木に
歩み寄る人

天気がいい日に
出たくなるだろう
人の居場所

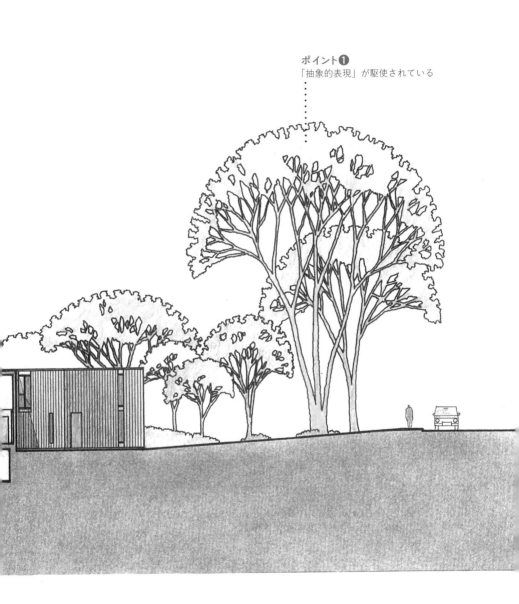

ポイント❶
「抽象的表現」が駆使されている

6章 構図のコツ

建築と緑を
バランスさせる

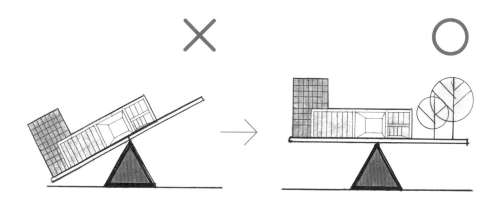

× → ○

建物だけだと重心が偏っている　　　緑を入れてバランスさせるとよい

構図のコツ❷

遠景、中景、近景の
トライアングル

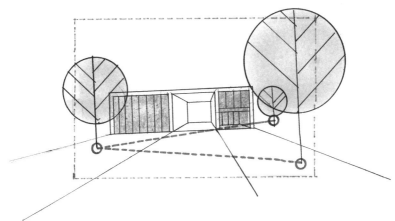

遠景、中景、近景を「トライアングル」になるように配すとよい

構図のコツ❸

アクソメは同じ木を
繰り返すだけでいい

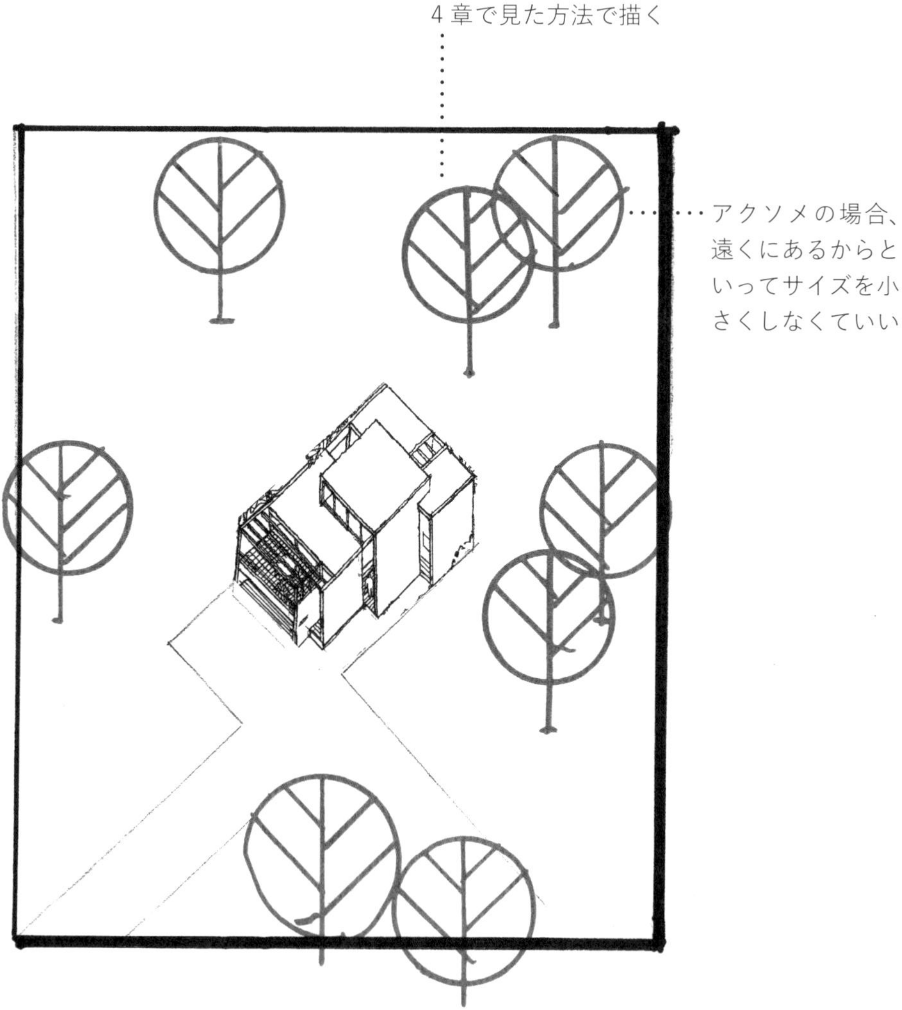

4章で見た方法で描く

アクソメの場合、
遠くにあるからと
いってサイズを小
さくしなくていい

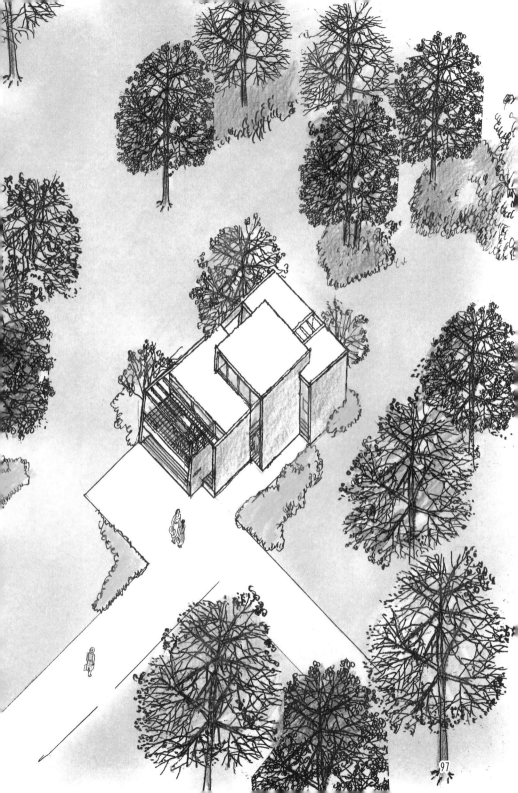

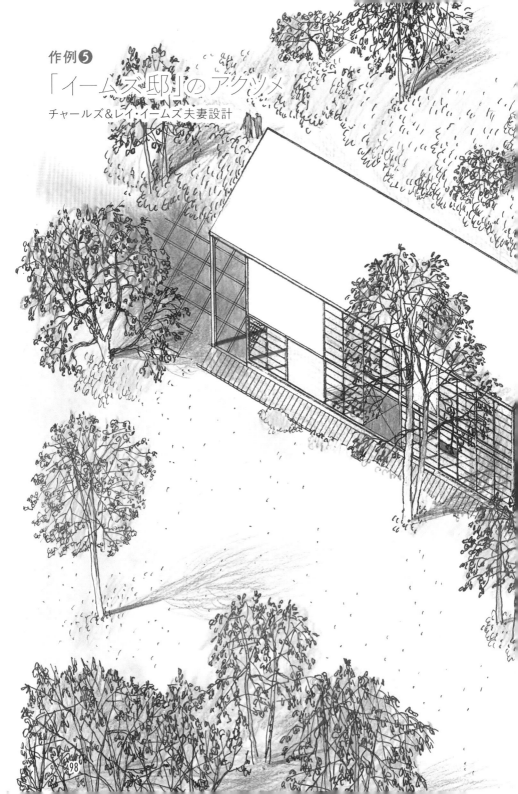

作例❺
「イームズ邸」のアクソメ
チャールズ＆レイ・イームズ夫妻設計

98

99

パースのときは軒高さから緑の高さを設定する

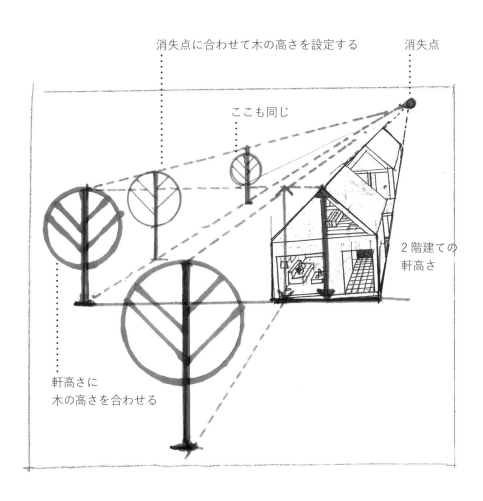

消失点に合わせて木の高さを設定する

消失点

ここも同じ

2 階建ての
軒高さ

軒高さに
木の高さを合わせる

構図のコツ❺
本の栞のように
緑をはさむ

街並みなど建物が連続している場合、構図も絵柄も単調に
なることが多いのですが、それを避けるために建物の間に
緑をはさむと、温かみのある街並みになります。

無機質な印象の街並み

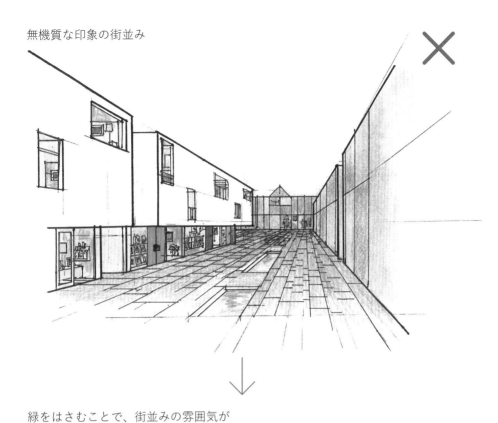

緑をはさむことで、街並みの雰囲気が
温かみのある印象に変化する

建物と緑を重ねて
奥行き感を出す

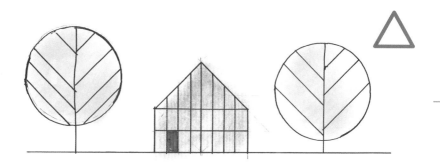

先ほどでいえば、建築と緑のバランスはとれている状態。
しかし、お互いの関係性が希薄で魅力的に欠ける。

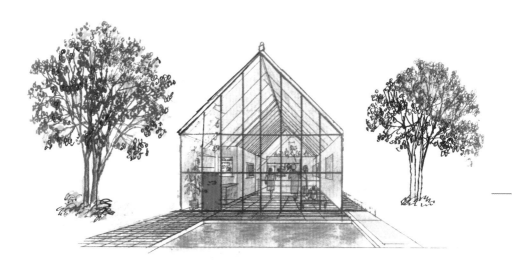

建物に緑を重ねるように前・後方に配置することで関係性が生まれ、
奥行き感が UP する。

作例❻

「エシェリック邸」の外観スケッチ

ルイス・カーン設計

・・・・・・建物と前後の緑の関係性がよい

7章 着彩の工夫

7/1 配色と混色の原則

1 色相環

赤、黄、青の三原色を基本にその間の色を環状に並べたもの。

補色
色相環で対角線上にある色。補色の関係にある純粋な色を同量混ぜると濃いグレーになる。

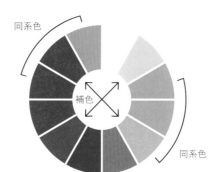

同系色

補色

同系色

同系色
色相環で近い位置にある色。近くの色を混ぜても比較的濁った色になりにくい。

2 同系色の混色

黄色と赤の混色
濁りのないオレンジ色になる。

黄色と緑の混色
濁りのない黄緑になる。

3 補色の混色

赤と緑を混ぜると補色の関係で濃いグレーになる。

7/2 同系色の配色
濁りのない風景を描く

1 黄緑を基本に
黄色と青色で
まとめた風景

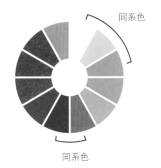

同系色

同系色

イタリア中部の田園風景

2 薄い青と濃い青でまとめた雪景色

同系色

北海道の清流天塩川の雪景色

3 青と紫の薄暮のケヤキ林

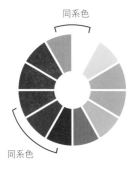

同系色

同系色

朝日が差す冬のケヤキの林

7/3 補色の効果

補色の混色は深みのある暗い色を出す効果があります。ここでは、「逆光の木」を混色によって表現してみます。

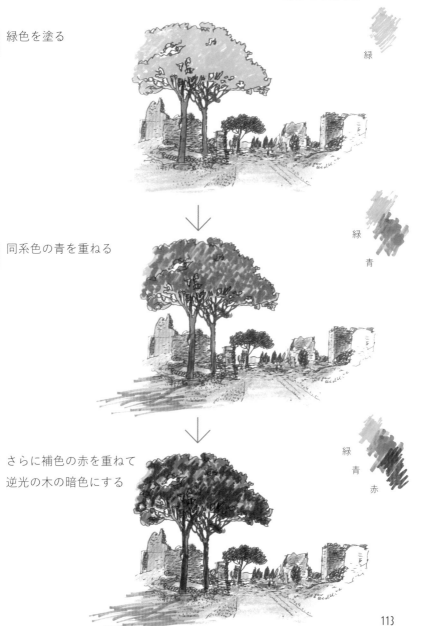

1 緑色を塗る

緑

2 同系色の青を重ねる

緑
青

3 さらに補色の赤を重ねて
逆光の木の暗色にする

緑
青
赤

ニューヨークの「ペイリーパーク」
着彩の違いだけで季節や時間を表現する

ロバート・ザイオン設計

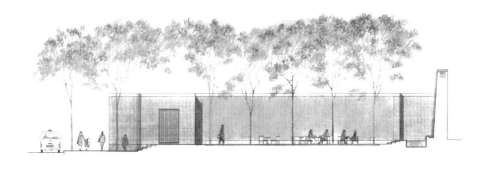

8章

名作住宅を
美しく彩る

緑のチカラで
名作住宅「フィッシャー邸」を
美しく彩る

技術やセンスを磨くには、その分野のすぐれた作品を模写（真似）からはじめる
のが定石です。若いときの私もそれに倣って建築家のル・コルビュジエやポール・
ルドルフの木の描き方をよく真似して描いていました。
ここでは、ルイス・カーンの名作住宅「フィッシャー邸」のパースを手本にして、
その背景となっている緑を描いてみます。

見本は写真などで構わない

1 見本をもとに
フィッシャー邸をなぞる

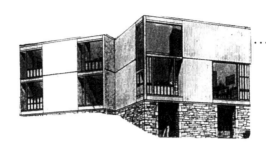

・・・・・細かく書き込まず
輪郭だけでもよい

2 近景を下描きする

3 幹と大枝を描く

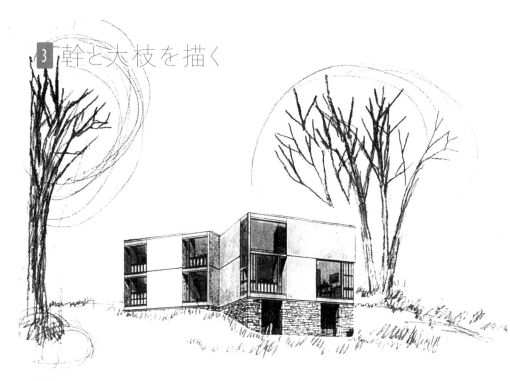

4 中枝を描く

5 小枝を描く

6 葉をつける

ポイント
葉の形は円や楕円で描くとよい

ここから着彩作業に入ります。
いつも行っている私なりの着彩方法で説明していきます。

着彩作業

細かいところは色鉛筆を使い、広い
面積を着彩するときはパステルを
使ってみます。もちろんパステルを
使ったことがないという人は色鉛筆
だけでも結構です。

使う道具

ここに並べたさまざまな用具は、ふ
だん私がパステルで着彩するときの
もので、あれば理想的と考えて、な
ければ他のもので代用していただい
て結構です。

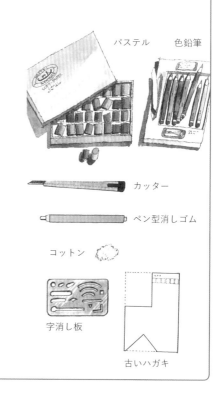

パステル　　色鉛筆

カッター

ペン型消しゴム

コットン

字消し板

古いハガキ

7 パステルの粉末にする

まず、試しに建物の壁面をパステルで着彩していきます。
パステルをカッターで削り、粉末にします。

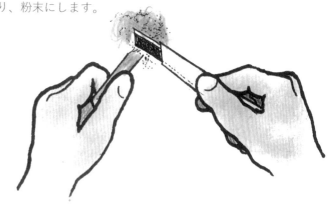

8 合いそうな色をつくる

パステルの粉末をコットンで着彩し、はみ出た部分を消しゴムで取り除きます。
いくつかの色を混ぜて適合する色をつくってみてください。

※色鉛筆の場合は、薄く何度も塗り重ねると均一になります。

9 近景の樹木に色をつける

緑色を基本にして、黄色や青を混ぜると
深みのある樹木になります。
樹木のアウトラインをペン書きで
しっかり描くのもよいです。

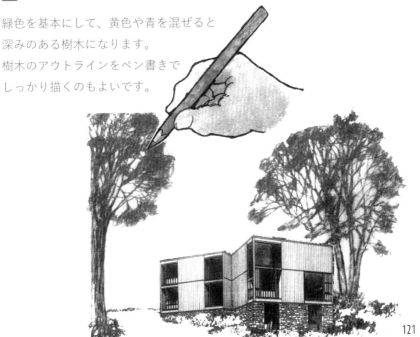

10 下草、芝生を描く

背の低い木や下草は比較的濃い緑色で塗り、
芝生などは明るい色調にまとめるのがコツです。

11 幹、枝を塗る

焦茶、グレー、青など重ね塗りをします。

12 遠景の樹木を描く

遠景は青やグレーで霞がかったように、ぼんやり描いてください（空気遠近法）。

13 色調の調整（完成）

図全体を見て、色調を明るくしたり、濃くしたりします。
このときは手前の芝生を明るい色にしてみました。

より大きな紙に描いたり、線や色を丁寧に入れていくとこんなスケッチパースが描けます。同じ構図でもいろいろな着彩方法で楽しんでやってみてください。

あとがき

　木を描いてみて、このモチーフの難しさがおわかりになったと思います。なかには美しいはずの一本の木がブロッコリーやキノコ雲のようになってしまったという笑えない結果になってしまった人も少なくないと思います。実をいうと、私も最初の頃はそうでした。木はまず幹があり、それに枝がつき、そして小枝の先に葉がつくというように、分割、分節的に見て描くことが大切なのです。

　もちろん、こうした描き方は初心者向けの描き方で、レベルの高い絵の世界で生きていこうとする人たちはこうした描き方を超えた領域の表現をしてゆかなければなりません。

　とにかく、最初は下手も個性のひとつと考え、何度も練習することが上達の秘訣です。そしてあなた自身の「緑」の表現を確立してくれることを切に期待しております。

2024 年 1 月
中山繁信

中山繁信　なかやま・しげのぶ

法政大学大学院工学研究科建設工学修士課程修了
宮脇檀建築研究室、工学院大学伊藤ていじ研究室を経て
工学院大学建築学科教授を歴任

単著　『スケッチ感覚で パースが描ける本』（彰国社 2012）
　　　『スケッチ感覚で インテリアパースが描ける本』（彰国社 2019）
　　　『いちばんやさしいパースと背景画の描き方』（エクスナレッジ 2020）
　　　『増補 図解 いきなり絵がうまくなる本』（KADOKAWA 2021）　等多数

共著　『建築のスケール感』（オーム社 2018）
　　　『パースの「影」の描き方』（オーム社 2023）　等多数

デザイン　　相馬敬徳（Rafters）
企画・編集　三井渉（グラフィック社）

ふだんのスケッチパースが格段によくなる

緑のチカラ

～植栽・建築・ランドスケープ～

2024 年 2 月 25 日　初版第 1 刷発行

著者　　　中山繁信

発行者　　西川正伸
発行所　　株式会社グラフィック社
　　　　　〒 102-0073　東京都千代田区九段北 1-14-17
　　　　　tel. 03-3263-4318（代表）　tel. 03-3263-4579（編集）
　　　　　https://www.graphicsha.co.jp/

印刷・製本　図書印刷株式会社